(page de garde)

(encore)

le cosmos est rompu
(le faux titre)

Hugues St-Pierre

LE COSMOS EST ROMPU

Illustré par
Julie Massicotte

Hugues St-Pierre
(Discours faux-fuyants)

HUGUES ST-PIERRE
(DISCOURS FAUX-FUYANTS)
Québec
fauxfuyants.com
info@fauxfuyants.com

Accompagnement littéraire et révision : Si Poirier
Illustrations : Julie Massicotte
Graphisme (images) : Marc-André Drouin

Dépôt légal - Bibliothèque et Archives nationales du Québec, 2022
Dépôt légal - Bibliothèque et Archives Canada, 2022

ISBN 978-2-9820704-0-0 (imprimé)
ISBN 978-2-9820704-1-7 (PDF)

(citation cool et branchée)

- une personne obscure

POINT MORT

le cri de la nuit s'est enfoncé
de ses doigts fins dans mes yeux
noirs mécaniques
gloire vacancière

le monde ne différera point
d'aucun sens étranger
que le paradigme hideux
n'effleure que la paume de mon foie

la faute revient aux maîtres plastifiés
avec pour passion l'appel indivisible
creux bilatéral de mon égoïsme

l'habitude de l'opéra te ronge l'odeur | sanguinaire

rigolade luisante d'une serviette de bain – homicide

triste soirée de brume
spectacle multicolore

l'idéal organique te pénètre la fantaisie

l'histamine de curetage me prend par revers
répugnance d'invertébrés admissibles
ruminants à deux pattes sur un lutrin
l'instinct insinue ma langue ligotée

cette dominance génétique
faiblesse infectée au fleurage probabiliste

certitude cutanée
l'ignorance maîtrise sa propre sphère
à la sensibilité de ma réaction allergique

ton membre dans ma main n'est qu'imaginaire
jusqu'à ce que le mien soit bien dur | j'écris ces lignes
moites

je pourrais nettoyer les cases
illusions d'esprit
brûlures d'extase

mes rêves lacunaires à grande chaudrée
bouche les trous

mes émotions souterraines conspirent

je pourrais sauvegarder l'éclosion
contre ton vinaigre
entre les craques subtiles | ton corps

la fumée qui sélectionne sa vulnérabilité
ce baiser au-dessus des corps d'armes putrides
comme ton cœur | ton âme

aromantique

piédestal prophétique
euphorie discrétionnaire
propagande parmi les transcendances

cavité sans censures
approche apocalyptique
gorge gavée par amour

traitrise égoïste parallèle
couette de magma reproducteur
objectif vital de se poursuivre indéfiniment

horreur de son action
ressentiment prémonitoire puit de la fin des sens

je veux juste qu'on s'aime
dans cette bulle de l'espace-temps
où naïveté et continuité puisaient leurs offrandes
conforme | silence

acceptons une prémisse
qui manipule ta chaire
au rythme de ma syncope
une impression du temps présent

mais pauvre toi
je bande mou

faudra peut-être en parler
pèlerinage

ignorons-nous l'inconnu
pour mieux gérer l'insoutenable
que toi et moi on s'aime pour nos egos
où rien ne se redresse par candeur

en quête | puissance spontanée
dans le regret de son salut ingrat

rémission mortelle
pitié narcissique

ta douceur me contamine
les entrailles qui s'enflent
au toucher de ta voix | ton regard
comme une pulsion intransigeante

je sècherais ton corps
je fredonnerais ta mort

banlieue pour quelques sommeils
tordue pour une tasse voilée

tu paumes ta mécanique
tu lasses ta résistance

promiscuité entre nos ingrédients rationnels
trois-quatre calculs pour la symbiose
fluide | obscure
champion en essai pour l'océan égaré

tu pleures
je râle rouge
rien à dire sans sens
cuisson lente chez nos vertiges intermédiaires

ça sent le drain jusque dans ton lit
nos crachats d'absence au fond des petits caractères

jonction contractuelle | synthèse épuisée

nous sommes peut-être morts
petits | séchés | chacun dans sa plaie

monstre épiphanique
langue salée de naissance
putride en vitesse | houblon de justice

corde sismique
glande insipide qui pleure de chasteté
suave comme un con | pont négligeant

je ne sais plus qui je suis

rythme concave aux extrémités qui taxent
un espace insécable
troublant et soudant les connexions méprisantes
            du cœur

mais aussi du cul
surtout du cul
du sang partout sur la conscience
un esprit aux troubles aqueux

je pense que tu me tiens trop fort

puis-je goûter à ta fin
cette mise en situation
digne d'entre les combles
tes ossements

vie d'intenses spontanées
ton jugement | le défaut
dont s'incruste ton appétit pour la salive
jointe entre les lèvres d'un cœur aux sillons de
          gravelles

prise de contact stérile

contentement
ta cible futile

un bar ou sur le dos de corps morts
espoir artifice entre ton futur sans lendemain
rassurant pour tes mains
pour qui la souffrance n'a que la beauté | l'odeur

ton souffle sournois se dévaste
à coup de déceptions
les pelles qui te sèchent
les jambes détachées
ton ombre

tu ne goûtes rien

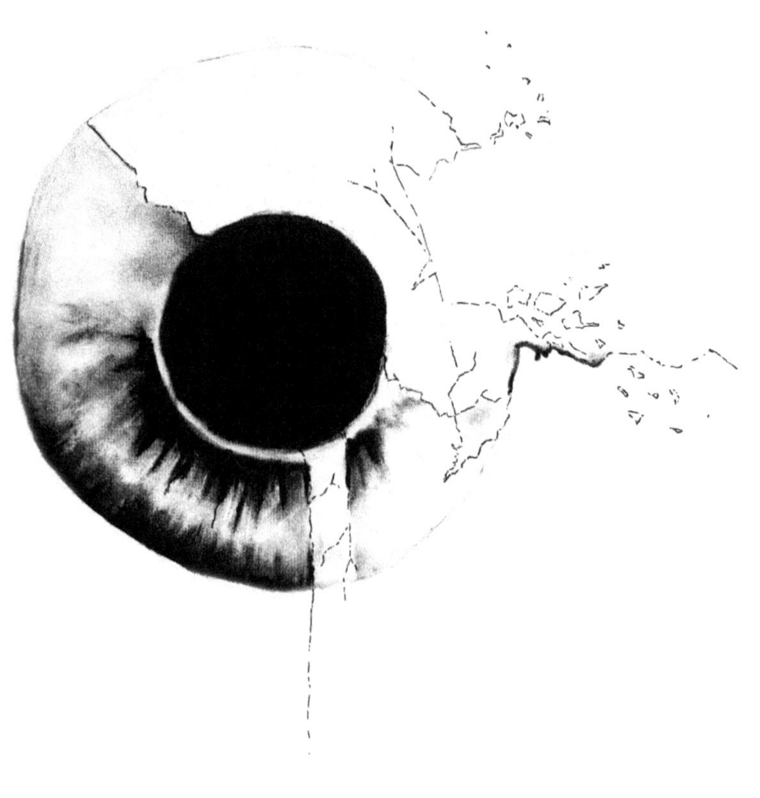

ENTROPIE

représente-moi ton silence instable d'ombres
luminaire mort | sous un givre détendu
création parasite

livre-moi tes remords
puise en ton sens vide
la zone grise filée

l'artisan mène à son déclin
s'y noie

à ton image
tu as créé
un tas de merde

à ton image
tu as détruit
ton nid

à ton image
tu as creusé
le terme de l'indifférence

belle suite nombriliste
en quête d'un chant céleste
affaissement sans prieur
sans sermon dépressionnaire

prière de clore
ces chaînes
pour la recherche
de ta propre ataraxie

donne-moi un peu de comptant
nos boîtes cumulent ce papier
latent d'outre-tombe
lésez-moi pour mon cri sans aucune portée

vivre enseveli
bordée d'une déchéance
s'affaiblir le végétal

cycle impromptu
abondance du creux

se lever l'esprit brisé

à coup de simulacre
nous bâtirons peut-être un sol
plus solide en éclat discontinu

achever son bonheur exclusif

je me noie à reculons
au travers des chaînes de l'avenir

le sable tâte les engrenages
pulmonaire
pulvérisée d'espoirs invisibles

croyance rebelle
qui regarde cette volition
contre les joies ardentes

la pluie tombe sur sa figure
la nature se veut simple

son masque brûle
la haine ne pardonne pas

soutenir l'intolérable
s'abstenir de rougir

poème d'acide | liquide

j'ai sorti la râpe
pour que nous regardions dedans

nous y croiserons une métastase
ou des démons bien enfouis
sous une carapace cutanée
noire de stress

bientôt le temps de cuire nos sens
pour aboutir au bout des cœurs
où la boîte se désaxe | vide

signalisation d'un ton | enfantin
le sang coule au point du doute
intérieur d'un instant véritablement compris
note de pure confession

camouflage obsolète
de ton lieu penché de désespoir
montre-moi du doigt
ta déplorable touche finale

justifie ta destruction planifiée
couches sales et pâte à dents
intégrées au feu de ta débâcle

savoure ta chute
sous les cables solidaires pollués
de tes crises journalières

prends ce silence suintant
ta violence solitaire
chaotique de blessures
en hibernation criminelle

une force d'or
falsifiée entre inertie
excitation distinguée

la rouille puise parmi les lois d'impôt
de ruines passionnantes

sous le pont | mascarade indiscrète

point de l'absorption
regarder la source pour l'axe au retour

NON

un désir de se noyer
au sens profond
d'une peur chronique

se laisser dorloter
dans un tas de charbon
d'un mal bucolique

charognard bien pris
sur un cintre de l'adversaire
sans intention de brûler la roue
la fuite figée dans son propre remède

je ne suis que le cadavre
satisfait par le froid de son lendemain
l'assouvissement d'une urgence
assurer son existence | sans but lié

la flamme de la honte
se tient au tréfonds du monde honnête
suintant le manque

un vol de lieu ignoré
mon indifférence
l'inspiration absorbée par l'innocence

un désir me broie

dévotions parasitaires
au sein | les alternances bucoliques
aux habitudes syncrétiques

l'entre-deux se stimule
de poison secondaire
pour l'honneur stérile

récompense
finalité pastorale

mots imputables pour leur exil propre
révélation sans mode d'emploi ni d'ego

libérations anxiogènes
sauvages mais averties
doctrine pittoresque
puissante finale de compromis

un rien te tuera

ruine

sans effort j'embrasse le doute
impliqué dans une résonnance immatérielle
au rythme d'un prix insatisfait

je recule devant l'insuffisance
prétendant l'agonie
au son d'une liberté digitale

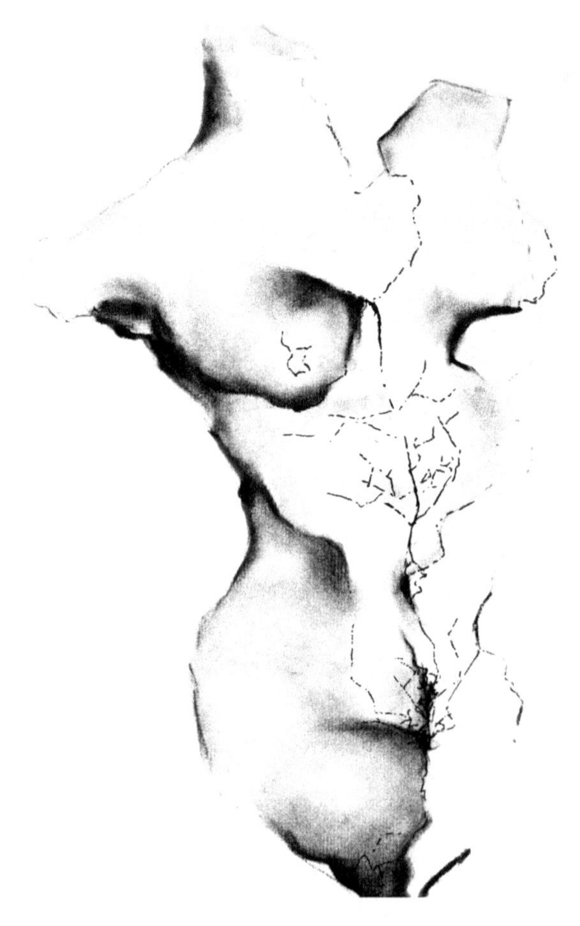

PRISON DE FER

je vide la cendre de poubelle
suintant l'univers | irrité

je tiens ma semence dans une main
te chatouille de l'autre

une distraction temporaire
un centre de table | comblé

s'imaginer dans la cuisine
comme une petite parenthèse

bientôt manquer d'huile

fusionnons à la cheminée

la tique de l'horloge saute les lignes
poudreuse du temps puisé | prisé par réserve

parasite de l'immunité économique
honneur aux corps négligents

kérosène de velours
il faut quitter la ville
pour que notre abîme adopte son temps

va donc chier
maudite respiration aberrante
forme obscure

tu ne souhaites que te nourrir
du dossier de cette cloison
qui ne finira peut-être jamais

un émétique futuriste qui t'arrache l'intérieur
c'est beaucoup mieux qu'un étourdissement lointain

derrière une folie qui persuade le présentoir
puisant dans l'intestin d'un soupirail de l'âme vide

triolet capucin
ni religieux | ni végétal
régime bitonal
catastrophe réactive

montre-moi ton ambiance rétive
révolution du sens unique

les étoiles sont chanceuses
fixes dans l'espace
elles tournent un peu
mais juste un peu
toujours dans un même sens
en rond | puis en rond | puis encore en rond
un vrai bonheur

jusqu'à ce qu'une météorite s'y enfonce
ou bien explose
puis meurt

c'est cave de même
comme toi et moi

seras-tu apte à couper mon froid
le crime du temps se fait savoir
quelques pauses m'illuminent de leurs mélancolies

les tendres attaques de mon suppôt
à coup de pics tremblants
qui ne tentent que d'emporter ma lune

le vent de la pierre s'installe
bientôt tu ne pourras scinder la clôture
impossible symbiose libératrice

souhaitons-nous bonne chance

des versets statutaires
présentés comme incandescents
lumière de roc
au rythme de la chaire
spécifique au grain culturel

puceau | intemporel

pour la source de tout corps cosmique
royaume de la fatigue
au désir d'abcès torride
la sortie du trône
au rythme de l'aliénation

biosynthèse d'un pet exotique

maladie interstellaire
alliance tyrannique écarte les murs

ton hydro friction

simulacre de croissance personnelle
puissance buccale d'un fuseau acoustique

tes pistons immunitaires

pique d'un espace collectif
ruissellement d'un reflet brumeux

la condamnation n'a point désir de son métal blanc

nos inconnus
l'intention de chérir l'instant en retrait
tel un astre à la rotation impossible
la chute est grammaticale
jusqu'où la cassure du conclave
punira la langue et le sexe

ambassade de leur brèche
la trouver en y tombant
par l'étoile de folie

grandeur de l'anus solaire

un train passe
sur les coups | gémissement
ivre d'improvisation
au nom de l'expérience intérieure

votre danse clinquante

entre les deux soleils imaginés

mobile instantané | itinérant

sa gloire
du mouvement d'eccéité

seul devant un commutateur
un doigt dans la prise du miroir
une langue sur ses taches virtuelles

attitude fautive | digestion tendue

troublante tranquillité
que de perdre le temps à soi

le cosmos est rompu

REMERCIEMENTS

Si Poirier, pour ta croyance en ce projet, ainsi que pour ton appui et ton exhortation soutenue. Merci pour tout.

Julie Massicotte, d'avoir répondu à l'écho de ces pages et d'avoir donné vie à l'illusion, spontanément.

Marc-André Drouin, d'avoir accepté d'introduire la transparence aux images.

Marie-Ève Muller, pour tes questionnements auprès de coquilles légitimes.

Nastasia Ganon, Estelle St-Pierre, Geneviève Côté, Marie-Ève Lussier, Lux, Shany Marcoux-Ouellet, Alix P.-V. et Christine Arseneault-Boucher pour votre attention et vos remarques sur la *poésie-pilote*.

Et vous, si vous l'acceptez.

Merci bien.

(ok bye)

DISCOURS
FAUX-FUYANTS

POÉSIE

(imprimé par des machines à quelque part en 2022 ou après)